www.ingramcontent.com/pod-product-compliance
Lightning Source LLC
Chambersburg PA
CBHW071255050326
40690CB00011B/2404
* 9 7 8 1 6 5 1 9 4 1 1 4 0 *